Apprendre les Insectes

Ce livre appartient à:

_____

Glorya Phillips

Coccinelle

Abeille

Bourdon

Papillon

Libellule

Frelon

Fourmi

Grillon

Sauterelle

Mante

Moustique

Mouche

Bâton d'insecte

Scarabée

Cerf-volant

Mité

Araignée

Perce-oreille

Scorpion

Omid

Mouche de feu

Cafard

Mille-Pattes

Puce

**Merci de nous avoir choisi.
Nous espérons que vous avez apprécié
notre livre.**
Votre avis est important pour nous,
s'il vous plaît dites-nous comment vous avez aimé
notre livreà l'adresse :

 **glorya.phillips@gmail.com**

 www.facebook.com/glorya.phillips

 www.instagram.com/gloryaphillips

www.ingramcontent.com/pod-product-compliance
Lightning Source LLC
LaVergne TN
LVHW061627070526
838199LV00070B/6611